L'Industrie moderne, ses progrès et les conditions de sa puissance

MICHEL CHEVALIER

Revue des Deux Mondes, 2e période, tome 42, 1862

TABLE DES MATIERES

L'INDUSTRIE MODERNE, SES PROGRÈS ET LES CONDITIONS DE SA PUISSANCE

Rien de plus saisissant pour un observateur, même peu familier avec les procédés de l'industrie, que le spectacle de ces salles spacieuses où sont réunies une si grande quantité de productions disposées avec intelligence et avec art. Dès milliers d'objets différens sont là, rangés en ordre sous des voûtes de verre à travers lesquelles la lumière se précipite par torrens, toutes les fois du moins que le permet le climat de Londres, qui cette année s'est montré plus inclément que de coutume. L'aspect fort modeste du bâtiment à l'extérieur prépare le spectateur, par la voie du contraste, à être fortement saisi par le tableau qui, le seuil de la porte une fois franchi, s'étale à ses regards; mais d'autres contrastes et d'autres oppositions attendent le visiteur.

Par une dérogation dont les curieux ne se plaignent pas, on trouve à l'exposition un petit nombre d'objets qui remontent à des peuples depuis longtemps disparus. Les vitrines de l'Égypte offrent aux regards du public étonné des bijoux en or dont se parait une reine cinq cents ans avant Moïse, et des statuettes en terre cuite auxquelles on attribue une antiquité de quinze cents ans plus reculée. Les bijoux en or sont d'un bon dessin et d'une exécution très soignée. C'est la preuve que la civilisation est bien ancienne sur les bords du Nil, la preuve aussi que l'attention de l'homme et son sentiment du beau ont été captivés de temps immémorial par les qualités de ce métal. Il semble que la beauté de l'or ait dès l'origine excité et développé l'adresse et le talent de l'ouvrier.

Une exposition de l'industrie exécutée dans ces conditions se recommande certainement par le pittoresque. Ce qui a plus de prix, elle est du plus haut intérêt pour le savant ou le technologiste avide d'observer le mouvement des arts, ou pour le manufacturier désireux de comparer afin de s'instruire et de se perfectionner. Elle permet de parcourir presque en un clin d'oeil l'histoire des efforts de l'espèce humaine pour faire servir à la satisfaction de ses besoins les matériaux du globe et toutes les ressources qu'il fournit. Elle donne la mesure de l'espace parcouru dans cette vaste carrière depuis l'origine jusqu'à nos jours.

Parmi les comparaisons qu'un spectateur même peu érudit peut faire avec profit entre les différens états de société, il en est de saisissantes. Je citerai entre autres celles qui auraient pour sujet les navires auxquels l'homme confie les intérêts de son commerce et quelquefois la défense de l'indépendance nationale. On trouve à l'exposition les extrêmes en ce genre. On y voit figurer le canot d'écorce dans lequel l'Indien de l'Amérique du Nord se lance sur les fleuves et même sur les lacs, canot si léger que le navigateur peut, sans trop de fatigue, en charger ses épaules afin de traverser ce que les colons français du Canada appelaient pour ce motif un portage, c'est-à-dire l'espace sur lequel la navigation est interrompue. C'est le Nouveau-Brunswick qui l'a exposé. Dans une autre salle, se présentent les paquebots à vapeur munis de fortes machines qui traversent l'Atlantique avec une rapidité inouïe et une régularité parfaite; mais on admire surtout les grands bâtimens de guerre, notamment ces navires cuirassés, les plus terribles machines que l'homme ait jamais imaginées pour la destruction, mais dont la dépense est tellement grande que, seuls, les états du premier ordre peuvent se la permettre. C'est ainsi que le beau paquebot transatlantique le Persia et les navires de guerre l'Achilles, le Warrior et l'Agincourt sont présens à l'exposition par leurs modèles ou par les pièces principales des machines à vapeur destinées à les mouvoir.

Je n'exagère pas le mérite de l'exposition en disant que c'est un champ d'observations pour le philosophe, pour l'historien, pour l'homme d'état. On y trouve en effet des indications précises, positives, flagrantes, sur la situation des différens peuples, leurs usages, leurs moeurs, leur avancement dans les sciences et les beaux-arts, leur degré de richesse, la densité de leur population. De même que le physiologiste ou l'homme versé dans l'anatomie comparée arrive, par le moyen d'un seul ossement d'un des animaux antédiluviens, à en déterminer la constitution, de même, et à plus forte raison, il est possible de faire la description d'une société et de déterminer les traits et les caractères de sa civilisation quand on a sous les yeux tout ou presque tout ce qu'elle sait faire, quand on peut voir et toucher ses ustensiles, ses meubles, ses vêtemens, examiner les ornemens dont elle aime à se parer et goûter des yeux au moins aux alimens dont elle délecte son palais.

Mais voici un exemple plus décisif au sujet de la puissance d'extension qui est propre à l'industrie humaine. Qu'était-ce que le jute dans les manufactures européennes il y a vingt ans ? Le nom même n'en était pas connu en Europe. Un savant anglais, le docteur Roxburgh, avait bien signalé à ses compatriotes, il y a une soixantaine d'années, l'usage que les habitans du Bengale et de la Chine faisaient de ce textile; l'avis avait passé inaperçu. Enfin, il y a quinze ou vingt ans, des manufacturiers de l'Angleterre ou plutôt de l'Ecosse se mirent à l'essayer. La conséquence a été la création d'une grande industrie qui emploie une nombreuse population ouvrière et fait la prospérité de la ville de Dundee. Les relevés officiels du commerce anglais constatent que la quantité de jute importée de l'Inde dans le royaume-uni atteint maintenant 45 ou 46 millions de kilogrammes que l'on convertit en différens tissus communs, en attendant qu'on en produise de plus fins. On en fabrique aussi des tapis dont le bon marché est presque incroyable; en ce moment, on les vend en France, après avoir acquitté les droits d'entrée et les frais de transport, sur le pied de 1 fr. à 1 fr. 20 c. le mètre.

Y a-t-il quelque vérité frappante qui ressorte de l'examen de l'exposition universelle de 1862 ? et surtout l'homme qui désire l'amélioration du sort de ses semblables est-il fondé à en tirer quelque conclusion consolante ?

La puissance productive de l'homme détermine celle de la collection organisée des individus, qui est la société. La puissance productive de la société est à sa richesse ce que la cause est à l'effet. À proprement parler, les deux ne font qu'un. La richesse de la société, c'est tout ce qu'on y trouve d'échangeable par voie d'achat ou de vente, et qui par conséquent répond à quelqu'un des besoins de l'homme. L'or et l'argent, que le vulgaire regarde comme la richesse principale, l'unique richesse, ne sont dans la richesse de la société qu'un accessoire, accessoire important toutefois, en ce qu'ils servent de dénominateur commun pour exprimer la valeur de tous les autres objets. Plus une société a de puissance productive et plus chaque année elle crée de richesse, plus est grande par conséquent la quantité des objets de toute sorte applicables aux besoins divers de ses membres, qu'elle peut tous les ans répartir entre eux, - les rendant par cela même plus riches ou moins malaisés.

Pour écarter toute équivoque, et, autant qu'il dépend de moi, toute obscurité, j'essaie d'indiquer le sens précis de ces mots: la puissance productive.

La puissance productive de l'homme se développe, avons-nous dit, d'une manière continue dans l'enchaînement successif des âges de la civilisation.

La raison de l'homme est une de ses forces, incomparablement la première de toutes, l'origine et le gage de sa domination ici-bas, comme elle est la promesse de son immortalité dans une autre vie. C'est à elle qu'il doit tous ses genres de supériorité, et très particulièrement celle qu'il montre dans la carrière industrielle, c'est-à-dire sa puissance productive.

Débile comme il l'est dans son corps exigu, et d'ailleurs tourmenté par des besoins innombrables, l'homme serait le plus malheureux et le plus dénué des êtres, le plus impuissant des producteurs, s'il n'était parvenu à s'approprier des forces matérielles en dehors de celles que recèle son corps; mais par la puissance de son esprit il arrache à la nature ses secrets les plus divers, il accomplit sur elle des conquêtes indéfinies, que cet esprit, par un nouvel effort, souvent séparé du premier par un long intervalle, fait tourner à la satisfaction des besoins, à la production de ces objets innombrables dont le faisceau forme la richesse des individus et celle de la société. Par l'empire qu'à la faveur de son intelligence il est parvenu à exercer sur la nature, il s'est assuré pour son travail des auxiliaires multipliés. Ce furent d'abord les animaux qu'il ploya à la domesticité, le boeuf, le cheval, l'âne, dans quelques régions le chameau, dans d'autres le renne, dans d'autres encore le lama. Ce furent ensuite les agens naturels, c'est-à-dire les forces qui sont les unes manifestes et même tumultueuses à la surface de la planète, les autres latentes, dissimulées, ou pour ainsi dire endormies, mais auxquelles la pensée humaine a pu trouver et a trouvé en effet le moyen de donner l'essor. L'homme, par les ressources de sa pensée, a le don d'imprimer aux agens naturels une activité qui ne se lasse pas. On dirait ces géans des légendes qu'une puissance supérieure tenait enfermés dans des abîmes, et qu'un bon génie allait délivrer. Nous présenterons le dénombrement de ces forces tout à l'heure; on verra que c'est à peu près comme la revue d'une armée imposante par le nombre, plus imposante par la puissance.

Tandis que, par les machines proprement dites, l'homme peut appliquer à son usage les forces animées ou inanimées éparses dans la nature, il peut, par les outils, donner telle direction et tel emploi qu'il lui plaît à ses propres forces. C'est ainsi qu'il réussit à faire de ses membres tout, absolument tout ce que font ensemble les autres animaux avec l'immense variété des organes que la nature a distribués entre eux, quelque profusion qu'elle y ait déployée. Les outils sont pour l'homme des organes supplémentaires par lesquels il peut aborder une infinité d'opérations qui, au premier abord, semblent interdites à ses organes, tels que la nature les a composés. Ainsi l'homme tenterait en vain, avec ses dents ou ses ongles, de dépecer le bois aussi bien que le castor ou que le rat; mais quel animal pourrait couper un madrier aussi bien que l'homme, dès qu'il est armé de la scie ? Quel est le bec d'oiseau qui pourrait fouiller le tronc d'un arbre aussi bien que l'homme, lorsqu'il est pourvu de la tarière ou du vilebrequin ? Une opération bien simple, celle d'enfoncer un clou dans un mur ou dans une poutre, est impraticable à l'homme tant qu'il est absolument à l'état de nature, un animal réduit comme les autres animaux aux organes qui lui ont été départis; ce n'est plus qu'un jeu aussitôt qu'il a dans la main un marteau ou seulement un caillou: réunies, les dix bêtes les plus adroites et les plus robustes ne s'en acquitteraient pas aussi bien quand même elles y mettraient tous leurs organes. Qu'est-ce donc lorsqu'aux outils proprement dits l'homme ajoute le secours de certains réactifs ou de certains accessoires, le grès en poudre ou l'émeri quand il s'agit de polir une surface ou de creuser la pierre calcaire ? Que sont dans ce dernier cas, en comparaison de l'homme, les mollusques entreprenans qui, par leurs sécrétions, ont rongé les pierres de telle digue sous-marine au point de la démolir ?

Ce rôle des capitaux dans le développement de la puissance productive est un des sujets les plus dignes d'être médités par tout le monde et de fixer l'attention des hommes d'état. Pour que l'industrie avance dans un état, il faut que la formation et la conservation des capitaux y soient encouragées par les moeurs et par les lois; il faut que les habitudes privées des citoyens et la politique de l'état ne les dévorent point par des dépenses improductives. De même que les premiers hommes, pour former leurs capitaux rudimentaires, ont dû imposer des privations à leur appétit désordonné ou à leur penchant à ne rien faire, de même de nos jours, afin de former ou de ménager le capital, qu'il importe tant non-seulement de conserver, mais de grossir, les classes peu aisées doivent régler leur existence et fuir le cabaret, les classes aisées et les riches prescrire des limites à leur amour du luxe et à leur ostentation, et les gouvernemens tempérer leur goût pour le faste et se garder des entraînemens de la ruineuse passion de la gloire militaire.

Il existe une relation des plus intimes entre le progrès de la puissance productive de l'homme et le mode de répartition des charges et des avantages de la société: ce qui revient à dire que le rapport le plus étroit subsiste entre la constitution politique et sociale d'un état et le degré auquel est parvenue cette puissance productive.

À une très petite puissance productive, comme celle que les monumens de l'histoire permettent de constater pour les premiers âges de la civilisation, correspond la dépendance à peu près absolue du grand nombre. Le commun des hommes est tenu à la tâche, à la chaîne; ses forces sont excédées, et une sorte de fatalité commande qu'il en soit ainsi, afin qu'il puisse y avoir une production suffisante pour les premiers besoins de la société et un peu d'éclat autour de l'existence des chefs. Dans la Grèce antique, le nombre des esclaves était grand en comparaison des hommes libres, et il en fut de même à Rome. L'esclavage est l'affligeant corrélatif d'une puissance productive très restreinte chez l'individu et dans la société; il perd toute raison d'être et tout prétexte lorsque la puissance productive est devenue grande ou seulement médiocre. Un grand développement de la puissance productive de l'homme permet, si même il ne l'ordonne pas, une organisation sociale et politique fondée sur les principes d'égalité et de

9

liberté. Tout au moins on ne contestera pas qu'il la facilite, et que par rapport à une organisation semblable une grande puissance productive soit un fait parfaitement concordant.

Lorsqu'un pays produit dix fois plus que par le passé d'articles usuels, tels que tous ceux qui sont propres au vêtement, à l'habitation ou à l'ameublement, il n'y a pas de débouché possible à cet accroissement de production, si ce n'est que chaque famille ait pour sa part, chaque année, une plus grande quantité de ces articles. Cette conclusion devient plus assurée si, comme on l'observe dans les différens états de l'Europe et dans tous les états du monde qui sont en progrès, la majeure partie de cette production agrandie se compose d'articles destinés, non pas à une minorité d'élite ou de privilégiés, mais bien au contraire au commun des hommes, à ce que les Anglais, dans leur langue commerciale, appellent le million.

Dans les sociétés modernes, où le grand nombre reçoit sa rémunération sous la forme d'un salaire en pièces de monnaie, l'agrandissement de la part qui revient à chacun, même aux plus humbles collaborateurs, se constate d'une double manière: premièrement par la diminution continue du prix des articles manufacturés, c'est-à-dire par l'augmentation de la quantité d'articles qu'on obtient avec une somme fixe d'argent, ce qui constitue un accroissement effectif des salaires, alors même que ceux-ci se composeraient de quantités fixes d'unités monétaires; secondement par la hausse numérique des salaires. Ce second fait est aussi frappant de nos jours que le premier, pour les ouvriers de la plupart des professions.

Dès lors il était immanquable que la civilisation chrétienne aboutit un jour à un ordre de choses tel que celui qui, sous des formes diverses, s'est manifesté et constitué successivement pendant les dernières périodes de l'histoire, en France, aux États-Unis, en Prusse, en Angleterre, et finalement partout en Europe. Il était écrit qu'à travers tous les incidens dont les passions des hommes, les travers de l'esprit humain et le hasard des événemens compliquent et embarrassent la marche de la civilisation, l'organisation politique et sociale des nations chrétiennes graviterait continuellement vers l'application des principes de liberté et d'égalité, application qui aujourd'hui enfin est devenue éclatante, et vers une situation économique où la puissance productive serait fort agrandie, et où cet agrandissement tournerait au profit du grand nombre, situation qui se dessine chaque jour plus profondément.

L'histoire moderne offre la preuve visible et tangible de cette proposition, qu'il existe une étroite solidarité entre le progrès de la puissance productive d'une part et la marche ascendante de la politique démocratique de l'autre, je veux dire de cette politique qui de plus en plus met le grand nombre en possession des conséquences des deux principes qui ont nom la liberté et l'égalité.

Il n'est pas aisé de dire exactement ce que la puissance productive a pu devenir, en comparaison de ce qu'elle était primitivement; mais on ne doit pas craindre d'affirmer que depuis l'origine des temps historiques elle a fait des progrès très grands. Il n'est même pas impossible d'en donner un aperçu par le moyen des renseignemens consignés dans les monumens de l'histoire.

Si l'on compare par exemple la puissance productive de l'homme dans l'industrie de la mouture aujourd'hui à ce qu'elle était à l'époque de la guerre de Troie, selon ce que rapporte Homère de la tenue de la maison d'Ulysse à Ithaque, on a lieu d'estimer que la progression a été de 1 à 150 environ, c'est-à-dire que par tête d'homme occupée à ce travail la production de farine ou la quantité de blé moulue est aujourd'hui, dans un moulin bien monté, cent cinquante fois plus grande que dans l'atelier où de pauvres femmes esclaves s'exténuaient à écraser du blé, par la force de leurs bras, pour la reine d'Ithaque et pour les cinquante prétendans obstinés à demander sa main.

Lorsque le moulin à eau fut substitué au moulin à bras, ce fut un grand progrès. La substitution paraît s'être faite sur de grandes proportions quelque temps avant la chute de l'empire romain. À partir de ce moment, l'industrie de la mouture resta à peu près stationnaire et imparfaite encore; c'est seulement dans le courant des soixante dernières années qu'elle a été portée à la perfection qui la distingue actuellement. C'est de là que date la grande puissance productive avec laquelle l'homme y apparaît.

Dans l'industrie du fer, on peut admettre que, depuis six cents ans, la puissance productive est devenue trente fois plus grande. Dans la filature du coton, le changement a été plus marqué, quoiqu'il n'ait commencé qu'à l'époque d'Arkwright, qui prit son brevet en 1769, il n'y a pas encore un siècle révolu. Un homme appliqué à un métier fait trois cents ou quatre cents fois autant de fil qu'une bonne fileuse en produisait jadis en Europe, ou qu'elle en produit encore dans l'Inde. Cet exemple montre avec quelle rapidité la puissance productive s'accroît dans les temps modernes.

Presque journellement on assiste maintenant à des changemens qui offrent plus ou moins le même caractère pour telle ou telle industrie, tant on a acquis d'habileté aujourd'hui dans l'art d'appliquer les découvertes de la science à l'avancement des arts. La dentelle jusqu'ici s'est faite à la main. L'exposition offre une machine à fabriquer la dentelle, machine fort curieuse, qui n'est peut-être pas tout à fait sortie de la période d'expérimentation, mais qui semble toucher au but. Elle fait grand honneur à M. Désiré Sival. Pour les articles très communs, les seuls qu'on y ait essayés encore, elle permettrait à une ouvrière de faire l'ouvrage de cent, dit-on, et de le faire pour le moins aussi bien.

Il ne se passe pour ainsi dire pas de jour où l'une ou l'autre des nombreuses industries entre lesquelles se partage l'activité matérielle des grands états ne reçoive dans quelques-uns de ses détails un perfectionnement dont l'effet est de permettre à une personne de faire ce qui auparavant nécessitait cinq, dix, vingt ouvriers et davantage. Ce sont autant d'accroissemens de la puissance productive. Toute personne versée dans la connaissance des procédés de l'industrie n'aurait que l'embarras du choix pour citer des exemples.

La turbine des raffineries est une machine récente; un progrès encore plus nouveau est celui qui a transformé l'étamage des glaces, non-seulement pour la forte adhérence de la couche métallique sur le verre, mais, ce qui est bien plus intéressant, pour la salubrité même de cette industrie, jusqu'ici fort dangereuse pour l'ouvrier. L'innovation a consisté à remplacer par l'argent le mercure allié à l'étain. Pour une glace d'un grand volume, l'ancien procédé, l'étamage, réclamait de cinq à six semaines, afin que 1er métal fût, autant que possible, fixé contre le verre. Aujourd'hui quarante minutes suffisent pour mettre sur la glace une double couche d'argent, qui y adhère bien mieux que l'amalgame d'étain, et qu'il n'y a plus qu'à recouvrir d'une couche de peinture à l'huile pour qu'elle soit inaltérable.

La traduction claire de tous ces progrès de la puissance productive, c'est le bon marché des produits.

Perfectionnement de la machine à vapeur. - L'agent le plus éclatant de la puissance productive de l'homme dans l'industrie, la machine à vapeur, s'est perfectionné, depuis un certain nombre d'années, de plusieurs manières. Parlons d'abord de la machine fixe, qui s'emploie aux usages les plus ordinaires et les plus fréquens.

On a trouvé le moyen de lui faire rendre le même effet utile avec une moindre consommation de combustible. On a introduit et porté à une haute perfection l'emploi de la détente variable de la vapeur dans le cylindre, ce qui contribue pour une grosse part à cette économie, et en outre donne pour ainsi dire de la souplesse aux mouvemens de tout l'appareil. On a rendu la machine moins volumineuse, plus facile à loger dans un petit espace, au lieu des sortes de halles qu'il y fallait jadis. La machine de Watt, qui eut un si grand succès et qui dans son temps le méritait si bien, avait son cylindre debout et se présentait avec un grand balancier; elle était soutenue sur des colonnes de fonte qui lui donnaient un aspect imposant; mais cette majesté coûtait cher. On fait aujourd'hui un grand nombre de machines à cylindre couché ou horizontal, et l'ensemble du mécanisme est ramassé sur un petit massif de maçonnerie. La machine de MM. Farcot, de Saint-Ouen, près Paris, semble être le meilleur modèle construit sur cette donnée. On a mieux entendu la construction des différens organes, et par exemple du piston, qui est un élément essentiel de la machine. Les chaudières sont meilleures, mieux disposées, et se dérangent moins. L'injecteur Giffard est une amélioration de détail qui est fort appréciée. En se perfectionnant ainsi, la machine à vapeur a baissé de prix dans une forte proportion. Il y a quarante ans, à Paris, une machine de 50 chevaux, système de Watt, aurait coûté, toute posée, avec ses fourneaux et sa cheminée, un peu plus de 100,000 francs; aujourd'hui la machine de même force coûterait moins de 50,000 francs.

La machine à gaz, qui n'en est encore qu'à ses débuts, va en ce genre plus loin que la machine locomobile à vapeur. On peut l'asseoir sur un plancher et la transporter ainsi à un cinquième étage. Elle a l'inconvénient d'être assez coûteuse, non de premier achat, mais pour son alimentation, à cause de la valeur du gaz qu'elle consomme. En revanche, elle travaille à point nommé, s'arrête quand on le veut, et reprend de même à volonté. dès qu'elle est arrêtée, la consommation du gaz cesse. C'est le moteur de la toute petite industrie, de l'ouvrier en chambre qui travaille avec sa femme et ses enfans, ou bien avec un apprenti ou deux.

La machine à vapeur destinée à la navigation a accompli, dans ces dernières années, de plus grands progrès encore que la machine fixe employée dans les usines. On en a porté la puissance au plus haut point, sans en accroître en proportion le poids et surtout le volume. C'est que les constructeurs ont imaginé des combinaisons nouvelles, c'est surtout que la méthode de construction a été transformée par l'introduction d'instrumens d'une précision extrême et d'une force illimitée dont il sera question dans un instant, les machines-outils,

La machine locomotive, ou la machine à vapeur des chemins de fer, a de même éprouvé des améliorations de détail qui en rendent le service plus facile, plus exempt de dérangemens, et des perfectionnemens d'ensemble qui en ont grandement accru la puissance. À l'exposition de 1855, on fut émerveillé de la force de la machine imaginée par un habile ingénieur autrichien, M. Engerth. On admirait le fardeau qu'elle traînait sur de fortes pentes. À l'exposition de 1862, les résultats qui surprenaient en 1855 sont bien dépassés. On y voit une machine qui, doublée, c'est-à-dire placée à la fois à la tête et à la queue du convoi, pourra traîner des chargemens nets de 165 tonnes environ sur des rampes de 40 millimètres par mètre. C'est la pente extrême autorisée aujourd'hui par les ponts et chaussées pour les routes impériales. dès lors les montagnes cessent d'arrêter les chemins de fer. Le moment est donc venu de dire qu'il n'y a plus de Pyrénées ni d'Alpes. C'est la compagnie française du chemin de fer du Nord qui expose cette machine, construite par M. Ernest Gouin.

Machines hydrauliques. - La machine à vapeur prime aujourd'hui les machines hydrauliques; celles-ci cependant ne sont pas restées stationnaires. On fait de mieux en mieux les roues hydrauliques. Le bélier hydraulique a été l'objet d'un perfectionnement intéressant qui en augmentera l'efficacité et l'usage: il est dû à M. Bollée, mécanicien français; mais de toutes les machines où l'eau agit par son poids, son choc ou sa pression, celle qui se recommande le plus, à l'exposition, est la presse hydraulique, machine en effet très propre à obtenir de grands résultats. Les Anglais semblent avoir une prédilection pour cet appareil, et ils lui font rendre de puissans effets en lui donnant des proportions extraordinaires. Ils y appliquent alors une machine à vapeur qui fait manoeuvrer la pompe destinée à fouler l'eau et à en développer la pression. Une des plus belles applications qui en aient été jamais faites est celle du Victoria dock, à Blackwall. L'appareil, assez fort pour retirer de l'eau un navire en quelques quarts d'heure, a pour instrument principal une presse hydraulique. Ce dock flottant dispense de ces constructions si dispendieuses qu'on appelle les formes de radoub, et il rend à moins de frais et bien plus rapidement de plus grands services. C'est plus économique, plus simple et plus efficace que les autres moyens de radoub désignés antérieurement par le nom de docks flottans. Avec ce système, un seul appareil élévatoire permet de radouber à la fois un grand nombre de navires. Cette invention, qui est un bienfait pour la navigation, est due à M. Edwin Clark.

On rencontre à l'exposition d'autres emplois ingénieux de la presse hydraulique. Un des plus curieux est celui qui a pour but la fabrication d'objets d'art moulés en bois durci, présentés par M. Latry. Il offre cette particularité que l'action énergique de la presse hydraulique s'y combine avec celle de la chaleur produite par des jets de gaz enflammé, pour donner une grande dureté à la poussière de bois dont on a rempli les moules.

On pourrait dire que le point de départ des machines-outils a été trouvé dans les appareils délicats et ingénieux, mais en comparaison si petits, dont on se servait depuis assez longtemps pour fabriquer, dresser, calibrer et diviser les pièces des instrumens astronomiques et géodésiques. À ces appareils on s'appliquait avec raison à donner la précision la plus grande, et c'est ainsi que pour les construire on avait été conduit à faire intervenir des mécanismes sûrs, mais dont les dimensions étaient en rapport avec les leurs. La même nécessité a donné naissance de nos jours aux machines-outils. Par ce moyen, les machines de nos ateliers sont construites avec le soin qui était réservé naguère à ce que la science la plus relevée employait de plus parfait. Pour les manufactures, c'est un perfectionnement bien utile: avec des machines ainsi faites, on produit mieux et davantage, et on éprouve bien moins de dérangemens.

Je n'ai nommé encore que les machines-outils destinées à travailler le fer, la fonte et l'acier. Les mêmes servent pour les autres métaux employés communément dans les arts: ce sont surtout le cuivre et le zinc, et deux alliages, le bronze et le laiton.

Une autre catégorie de machines-outils tout à fait distincte sert au travail du bois. Elle est richement représentée à l'exposition, et n'en est pas un des moindres attraits aux yeux de l'homme qui recherche les témoignages du progrès de l'industrie et les extensions que reçoit sa force productive.

Une innovation remarquable dans la métallurgie du fer est la fabrication des pièces destinées à cuirasser les navires. Ce sont de grandes plaques de 10 à 12 centimètres d'épaisseur. On les fabrique par le moyen de machines à vapeur d'une force de plusieurs centaines de chevaux. Ces beaux produits parfaitement soudés sont, sous leur aspect simple, des chefs-d'oeuvre métallurgiques. La maison de l'Europe qui se distingue le plus dans cette fabrication, MM. Petin, Gaudet et C°, de Rive-de-Gier s'est abstenue d'exposer, et son absence a été fort regrettée, je pourrais dire blâmée.

Pour l'industrie de l'acier, le progrès est plus grand encore que pour celle du fer. On remarque à l'exposition deux aciers surtout, celui de M. Krupp, d'Essen (Prusse rhénane), et celui de M. Bessemer, métallurgiste anglais. M. Krupp fait des aciers fins. Il avait exposé en 1851 un joli petit canon d'acier, prélude de la colossale artillerie qui se déploie cette fois dans le palais de Kensington. En 1855, il exposa un lingot d'acier fondu de 5 tonnes 1/2 (la tonne est de 1,000 kilogrammes), et on cria au miracle. Cette fois il en présente un de 20 tonnes, à côté d'un arbre coudé plus surprenant encore, car il provient d'un lingot qui en pesait 25. Les produits de M. Krupp, quelque magnifiques qu'ils soient, excitent dans le public moins d'intérêt que ceux de M. Bessemer.

Pour les chemins de fer, l'acier à bon marché promet une amélioration considérable: on pourra faire en acier les pièces de la voie qui fatiguent le plus, celles que détruit si rapidement le passage des trains et surtout des lourdes locomotives, auxquelles on a nécessairement recours avec la grande circulation des principales artères, puisque c'est le seul moyen d'avoir sur les rails la forte adhérence sans laquelle on ne pourrait traîner les pesans convois. Pour la construction des organes des machines qui aujourd'hui se font en fer, l'acier donnera une matière plus résistante sous un moindre poids, ce qui Vendra les pièces plus maniables et les machines plus portatives. Pour les locomobiles, ce sera un perfectionnement très précieux. On pourra même avoir des rails en acier. On peut voir, dans le rapport de M. Perdonnet, que la compagnie du grand chemin de fer du Nord (Great Northern), en Angleterre, remplace les rails en fer par des rails en acier. On estime que la durée des rails en acier sera triple. Ce sera une grande commodité pour l'exploitation.

Perfectionnemens qui se rattachent à la chimie et à la physique. - Depuis un certain nombre d'années, on a lieu de noter une baisse de prix pour plusieurs des produits chimiques que j'appellerai fondamentaux, parce qu'ils servent de base à un grand nombre d'opérations industrielles. Ainsi l'acide sulfurique, qui est dans les arts une véritable matière première, se fabrique beaucoup aujourd'hui en employant, au lieu de soufre, substance dont les gisemens sont fort clair-semés sur la surface de la terre, la pyrite de fer, corps que la nature a prodigué, et qui jusqu'à ce jour était à peu près sans emploi. Le carbonate et le sulfate de soude, que la teinture et d'autres arts chimiques consomment dans une multitude de cas, sont au moment d'éprouver une baisse de prix très sensible par l'application de la machine à faire la glace de M. Carré, que j'ai déjà mentionnée. Cette machine donne le moyen d'extraire facilement des eaux de la mer le sulfate de soude qui s'y trouve tout formé, et qui, dans l'état actuel de l'industrie, est la matière première du carbonate, dont l'emploi est plus étendu. Par le même procédé, on dérobe à la mer différens sels de potasse, le chlorhydrate notamment. Cette dernière production ne sera pas un petit service rendu à l'industrie en général. La potasse s'obtenait jusqu'à ce jour par le lavage des cendres de bois. Dans les pays primitifs où les forêts abondent et où le bois est sans valeur, s'il n'est un obstacle, on incendiait les forêts pour retirer des cendres la potasse. C'est ainsi que cette substance était principalement fournie au monde par les États-Unis et la Russie. Maintenant les forêts primitives commencent à manquer ou à ne plus se présenter que dans des régions inaccessibles. La potasse, matière nécessaire à tant d'opérations, menaçait de nous faire défaut. L'invention de M. Carré vient à point pour retirer à peu de frais la proportion de potasse que renferme l'onde amère. Cette proportion est toute petite; mais, comme le réservoir qui la contient est inépuisable, un approvisionnement suffisant de potasse est assuré au genre humain, quelque étendus que soient ses besoins. La machine de M. Carré est montée aujourd'hui sur les proportions qui conviennent dans la saline de Giraud (Bouches-du-Rhône), dirigée par M. Merle, et elle y donne des résultats satisfaisans.

La chimie, plus encore que la mécanique, produit des changemens qui tiennent de la magie. On peut jusqu'à un certain point lui appliquer le vers si connu de Regnard:

Dans ses heureuses mains le cuivre devient or.

Comme si ce n'était pas assez, les élémens qui sont si singulièrement cachés dans le goudron de houille fournissent un autre corps doué d'une propriété précieuse, celle d'empêcher la putréfaction des matières animales: c'est l'acide phénique. Une solution qui en renferme un centième seulement suffit pour garantir de la pourriture les produits animaux. On commence à l'employer pour faire traverser l'Océan à des substances de ce genre, sans qu'elles se corrompent dans la cale en rendant le navire inhabitable à l'équipage. Il y a là probablement un moyen de développer les échanges de l'un à l'autre hémisphère ou entre toutes régions séparées par de longs trajets.

Parmi les progrès que l'industrie a dus à la chimie dans ces dernières années, il en est qui se rapportent à l'hygiène publique, ou qui soustraient les ouvriers à des dangers jusqu'alors inhérens à l'exercice de quelque branche d'industrie. Ainsi l'argenture des glaces substituée à l'étamage met les ouvriers à l'abri des accidens si nombreux qu'entraînait nécessairement après quelque temps le contact du mercure. C'est une idée d'un grand chimiste allemand, M. Liebig, mise en oeuvre par un Français, M. Petit-Jean, et l'exploitation s'en fait, à Paris, chez M. Brossette. La découverte de M. Gaupillat, qui a rendu possible la fabrication des capsules fulminantes pour armes à feu, sans danger d'explosion, est un bonheur pour les personnes qui se livrent à cette industrie, car rien de plus violent et de plus épouvantable que la détonation des fulminates, dès qu'il y en a une certaine quantité. On en a eu la preuve sinistre dans l'attentat qui fit frémir le monde civilisé en janvier 1858. Le fond de ce perfectionnement est simple; il consiste surtout en ce qu'on est parvenu à travailler le fulminate humide.

Une autre découverte déjà un peu ancienne, car elle remonte à plus d'un demi-siècle, celle du blanc de zinc substitué à la céruse pour la peinture en bâtiment, figure à l'exposition sous une forme rajeunie. On sait que le contact de la céruse donne aux peintres la colique de plomb, empoisonnement caractérisé, et que rien de pareil ne se présente avec l'oxyde de zinc. On apprécie de plus en plus la peinture au blanc de zinc. L'usage s'en est un peu répandu dans ces dernières années, et les ouvriers, qui avaient fait mauvais accueil à l'innovation destinée à leur sauver la santé et la vie, commencent à la bénir. Récemment cette substance a reçu une application intéressante, où elle remplace de même la céruse: c'est pour la glaçure des cartes de visite: les cartes glacées à la céruse ont déterminé des cas d'empoisonnemens assez nombreux. C'est à la fois aux arts chimiques et à la mécanique qu'il convient de rapporter une amélioration du même genre, destinée à préserver le public des coliques de plomb qu'a causées, dans plus d'une circonstance, l'emploi de tuyaux de plomb pour les conduites d'eau. M. Ch. Sébille, de Nantes, réussit très bien à étamer, c'est-à-dire à recouvrir intérieurement d'une couche mince d'étain les tuyaux de plomb destinés à cet usage par un procédé ingénieux et économique.

C'est également depuis peu d'années qu'on a découvert non pas l'existence, mais l'utilité d'une substance qui jusqu'alors restait intacte dans son flacon sur les rayons des laboratoires, attendant, comme bien d'autres, que l'homme en l'expérimentant eût trouvé le moyen de l'adapter au soin de son bien-être ou aux besoins de sa puissance productive. Je veux parler du sulfure de carbone. Il sert aujourd'hui à extraire la graisse de résidus jusque-là sans valeur. On lui a trouvé depuis peu un usage digne de fixer l'attention publique celui de la conservation des grains. M. Doyère a imaginé un système de silos fondé sur le pouvoir qu'a le sulfure de carbone de tuer presque instantanément le charançon et les autres insectes acharnés après le blé. Ce sont des vases en tôle hermétiquement clos. Nos administrations publiques commencent à employer le silo de M. Doyère. Le sulfure de carbone peut aussi garantir des mites les matières premières et les tissus auxquels s'attachent ces insectes. Une circonstance curieuse relativement à cette substance; c'est le bas prix auquel on est parvenu à la produire du moment qu'on en a eu besoin dans de grandes proportions. Il n'y a pas longtemps qu'on payait le sulfure de carbone jusqu'à 200 francs le kilogramme; aujourd'hui c'est moins d'un franc. Un chimiste français, M. Deiss, qui a organisé cette fabrication dans plusieurs états de l'Europe, vend aujourd'hui, selon M. Balard, le sulfure non rectifié sur le pied de 48 centimes.

Les courans électriques ont été employés avec succès pour créer une lumière d'une intensité extrême; mais jusqu'ici on ne s'en était guère servi que pour des expériences de laboratoire. La question de l'éclairage par l'électricité vient de faire un grand pas. On sait par quels beaux travaux des savans, à la tête desquels il faut placer M. Ampère, ont démontré l'identité du magnétisme et de l'électricité. En faisant intervenir des aimans, c'est-à-dire en produisant le courant électrique au moyen d'aimans mis en mouvement par une force quelconque, on obtient une lumière non-seulement très vive et égale à elle-même, mais à fort bas prix. Elle n'a qu'un défaut, et il est grave pour la pratique ordinaire: c'est qu'on ne peut l'obtenir qu'en grande et indivisible quantité. Ce ne serait bon que pour un phare. Avec une petite dépense de combustible dans un moteur à vapeur, on a une lumière équivalant à plusieurs centaines de bougies, à plus d'un millier. M. Edmond Becquerel, qui a rendu compte de deux appareils de ce genre, l'un français, l'autre anglais, qui figurent à l'exposition, estime que cette lumière ne coûterait que le dixième du tarif de l'éclairage au gaz à Paris.

Le courant électrique appliqué au déplacement et au transport des métaux dans un moule a donné naissance à l'industrie de la galvanoplastie, qui est déjà ancienne. Elle a présenté cette année à l'exposition des produits d'un genre nouveau, ce sont des bronzes d'ornement pour les meubles. Ils viennent de la maison Christofle, de Paris; ce sont de fort beaux objets d'un bas prix qui surprend quand on songe à ce que coûtent les mêmes articles fondus et ciselés, qui cependant ont moins de fini. On a remarqué à l'exposition, dans l'hôtel de la commission impériale, à Londres, des meubles de M. Grohé ainsi enrichis. C'est d'un bel effet.

La tendance qui porte les chefs d'industrie à se diviser le travail entre eux est assurément très prononcée aujourd'hui; cependant la tendance opposée se révèle quelquefois avec une grande énergie, et donne naissance à des fabriques où toutes les opérations sont réunies, et où l'on prend la matière première absolument brute pour ne la quitter que lorsque le produit est en état d'être livré au consommateur. Elle est favorisée par l'économie qu'on espère réaliser sur les frais généraux, et par l'espoir d'être mieux servi selon ses désirs en se servant soi-même. Elle est aidée par la perfection de la comptabilité commerciale, perfection telle qu'on peut sans effort analyser une fabrication même fort compliquée, et se rendre compte minutieusement de chacune des parties.

Dans les deux systèmes de division, c'est un fait remarquable qu'aujourd'hui les dimensions des manufactures se sont beaucoup amplifiées. On le remarque depuis assez longtemps pour les établissemens où l'on fabrique le fer et où l'on élabore les autres métaux, de même dans ceux qui ont pour objet la fabrication des tissus. Un ou deux exemples suffiront pour donner une idée des proportions qu'ont prises les manufactures. Dans l'industrie de la filature du coton, il est commun aujourd'hui de voir des établissemens de 25, 30, 40 et 50,000 broches. Le point de départ de cette industrie, c'est pourtant la fileuse à la main, qui produit moins qu'une broche. Dans l'industrie des toiles peintes ou imprimées, je pourrais nommer telle fabrique de Manchester ou de Glasgow d'où il sort annuellement une longueur d'étoffe suffisante pour embrasser la majeure partie de la circonférence du globe terrestre (40 millions de mètres). Les principales maisons de ces deux industrieuses cités sont, en effet, montées de manière à produire un million de pièces de 23 mètres chacune, soit 23 millions de mètres. La maison Black et Co, de Glasgow, est même allée jusqu'à 28. En France, la maison Dollfus, Mieg et Co, de Mulhouse, atteint 10 millions de mètres dont la valeur moyenne est supérieure; de plus, à la différence des maisons de Manchester et de Glasgow, qui se bornent à imprimer, cette grande maison file, tisse et imprime.

La même loi qui a agrandi les fabriques avec une notable économie sur les frais généraux tend à faire disparaître de la plupart des industries les petits ateliers, ceux que souvent on appelle plus ou moins justement les ateliers de famille. C'est que l'industrie morcelée se refuse, dans la plupart des cas au moins, à l'emploi des machines, qui cependant sont indispensables soit pour la qualité régulière des produits, soit pour la fabrication à bon marché, qui est la nécessité et le devoir de la civilisation moderne.

Dans la société patriarcale, toute industrie est domestique: point ou très-peu de division du travail entre les familles; chaque tribu ou clan produit et confectionne tout ce qu'il lui faut. Dans la société grecque ou romaine, l'industrie reste encore principalement domestique; cependant une certaine division du travail y apparaît comme un des caractères mêmes du progrès social, et finit par acquérir quelque développement. Elle se révèle par le fait que les professions sont plus distinctes et se diversifient davantage. Cet état de choses s'accuse plus fortement au moyen âge et dans les siècles suivans avec les corporations d'arts et métiers; il y a des chefs d'industrie qui occupent beaucoup d'ouvriers, mais il n'y a pas encore de manufactures constituées sur la base d'une grande division entre les travailleurs et d'un outillage varié en proportion de la division du travail. La manufacture est une création de la civilisation moderne. Il n'y a guère qu'un siècle que le système manufacturier est apparu avec tous les caractères qui lui sont propres, et qu'il s'est mis à prendre chaque jour un plus grand essor.

Le soulier, dans le genre commun, se fait aujourd'hui dans des manufactures qui en produisent chacune plusieurs milliers de paires chaque jour. Vous entrez dans la fabrique de M. Philippe Latour, à Liancourt, ou dans celle de M. Godillot, à Paris: on vous fait écrire votre nom sur un morceau de cuir, et puis une heure où deux après, quand vous avez parcouru la fabrique, on vous apporte une paire de souliers faite avec le cuir qu'on vous avait présenté, et vous retrouvez votre nom, tel que vous l'aviez inscrit, sur l'empeigne ou la semelle. Le cuir a subi, sans en manquer une seule, toutes les opérations qu'il traverse chez le cordonnier en chambre ou en boutique, et même quelques-unes de plus; mais, dans la maison où vous êtes, chaque homme est assiste d'une machine. Une heure et demie a suffi pour accomplir ce qui par la vieille méthode, où tout s'exécute de main d'homme, aurait pris une semaine.

Mais revenons aux boutons à bon marché. J'ai cité ceux de 30 centimes la grosse. Il y a une sorte de boutons qui est à plus bas prix encore, et qui cependant est jolie: ce sont les boutons en porcelaine qu'on met à nos chemises par exemple, et dont M. Bapterosses, de Briare, est l'inventeur et le principal fabricant. On les vend aujourd'hui 1 franc 10 centimes la masse, c'est-à-dire la douzaine de grosses (ou mille sept cent vingt-huit boutons), soit moins de 10 centimes la grosse; c'est à peu près seize boutons pour 1 centime. Il y eut un moment où la concurrence en avait réduit le prix à 50 centimes la masse, ou trente-quatre boutons pour 1 centime.

En fait de fabrication où le système manufacturier a supplanté le petit atelier de l'artisan, je pourrais citer tout aussi bien les ustensiles de ménage en fer dit battu, tels que poêles et poêlons, casseroles, couverts en tôle, et tout ce qui y ressemble. Autrefois cela se faisait lentement, péniblement et mal, au marteau; maintenant on fabrique les mêmes produits, et beaucoup d'autres nouvellement imaginés, dans de grandes manufactures, avec le principe de la division du travail et à l'aide des machines. On estampe le fer et on l'emboutit avec un outillage qui varie selon la nature des articles. On a de meilleurs produits à bien meilleur marché. Un autre exemple est la fabrication du chocolat, que quelques maisons de Paris fabriquent avec supériorité et vendent à très bas prix dans les qualités communes; c'est au système manufacturier qu'on doit, ici encore, attribuer le bon marché. La confiserie, à Paris, s'est constituée récemment sur la base manufacturière. C'est un fait acquis et complet, et l'exportation des bonbons a pris aussitôt un grand développement. L'industrie de la confection des habits offre un autre cas bien caractérisé de l'invasion de la manufacture dans ce qui était le lot de la petite industrie, dépourvue de la ressource des machines et de la division du travail. Le consommateur y a gagné de payer moins cher son vêtement, parce que la puissance productive du travail humain a été fort accrue par le changement de la petite industrie en la grande.

Il est digne d'attention que la fabrication des soieries n'ait pas adopté encore à Lyon la transformation en manufactures; mais il est difficile qu'elle n'y arrive pas: la concurrence l'y forcera. Presque partout à l'étranger l'industrie des soieries a pris l'organisation manufacturière.

Les machines s'introduisent à plus forte raison dans des travaux qui réclament une grande force matérielle, et qui pourtant jusqu'à ces derniers temps s'exécutaient de main d'homme. Ainsi, pour tailler la pierre destinée à la façade des édifices, les Américains du nord ont des machines qui expédient une grande quantité de besogne. Depuis peu, l'on fabrique mécaniquement, à la carrière de Marcoussis, des pavés destinés à la ville de Paris.

Les observations éparses dans les rapports des membres du jury, qui en cela se sont conformés aux instructions émanées de la commission impériale, ont pour objet d'appeler l'attention du public et de l'autorité sur les mesures diverses qu'ils ont jugées propres à accélérer le mouvement de l'industrie et à la mettre en position de soutenir avec avantage la concurrence étrangère aussi bien sur les marchés du dedans que sur ceux du dehors. Je vais essayer de les résumer en y joignant quelques réflexions.

Les améliorations principales par lesquelles il est possible de venir en aide à l'industrie, de lui faciliter sa marche ascendante, et d'agrandir la puissance productive de l'homme et de la société, sont celles qui se rapportent: 1° aux voies de communication; 2° aux institutions de crédit; 3° à l'éducation professionnelle. Ce ne sont néanmoins pas les seules.

Puisque nos manufacturiers se trouvent de plus en plus placés en état de concurrence avec ceux de l'Angleterre, non-seulement pour l'approvisionnement des marchés étrangers, mais même sur le marché national, il est indispensable que, dans toute l'étendue de ce qui est possible, on les place dans la situation d'égalité vis-à-vis des chefs d'industrie du royaume-uni. Or en Angleterre le service des marchandises est organisé sur le pied d'une remarquable célérité. Le fabricant de Manchester livre le soir ses tissus de coton au chemin de fer, et des le lendemain dans la matinée, vers dix heures ou onze heures, ses ballots sont remis à l'acheteur dans la Cité de Londres. En France, avec le règlement aujourd'hui en vigueur, c'est le septième jour que le chemin de fer délivrerait les colis. Je connais des cas où, pour traverser la France du nord au midi, les chemins de fer ont pris régulièrement un mois, et l'expéditeur avait dû s'accoutumer à ce régime.

Il conviendrait aussi de rendre plus facile au commerce le redressement des griefs qu'il peut avoir contre les compagnies de chemins de fer. Il ne faut pas que les frais et les embarras d'un procès soient tels que le commerce, alors qu'il se croit lésé, ait lieu de courber la tête et de se taire. Les particuliers peuvent quelque chose à cet effet en formant dans chaque ville importante un syndicat contentieux, tel que celui qui s'est établi à Reims. Il est indispensable en outre que le législateur et l'administration déterminent un mode d'introduire les instances judiciaires plus simple et plus prompt que ce qui existe aujourd'hui. Dès personnes qui ont étudié la matière ont proposé à cet égard des moyens conformes à l'équité, qui sembleraient devoir être efficaces. Dans le cas où la marchandise qui donne lieu à la contestation aurait voyagé sur le réseau de plusieurs compagnies, on autoriserait le commerce à actionner à son choix la compagnie qui a fait la livraison ou celle qui a primitivement reçu le colis, sans avoir rien à démêler avec les autres. Il faudrait aussi rendre plus effective la pénalité en cas de retard.

Les compagnies de chemins de fer ont plus à gagner qu'à perdre aux réformes sollicitées ici. Leur premier intérêt est d'offrir au public un service qui le satisfasse, car, par ce moyen, leur clientèle doit aller toujours en augmentant. Les hommes éclairés qui sont à la tête de l'administration des compagnies ne peuvent tarder à le reconnaître: ils sont trop intelligens pour fermer plus longtemps les yeux à l'évidence.

La célérité du transport des personnes peut aussi exercer une heureuse influence sur les affaires. À ce point de vue, il y a lieu d'exiger des compagnies que sur les lignes les plus fréquentées il y ait des trains express marchant à la vitesse de ceux de l'Angleterre, soit d'environ 60 kilomètres par heure, temps d'arrêt compris.

Ces créations nouvelles et multipliées n'ont pas empêché la Banque d'Angleterre de faire, elle aussi, de beaux bénéfices. Les dividendes qu'elle distribue n'ont pas décru, ils ont augmenté. Elle conserve, par rapport aux nouvelles banques, le privilège d'émettre des billets au porteur dits billets de banque. On sait qu'elle a, même par rapport à la Banque de France, l'avantage que le cours de ses billets soit forcé, tant qu'elle continue de les échanger elle-même contre des espèces, à la volonté du porteur. Il s'ensuit que les receveurs des deniers publics acceptent les billets de la Banque d'Angleterre en paiement de l'impôt. Il y a bien des localités chez nous où ils refusent les billets de la Banque de France; c'est un dommage pour la Banque et pour le public.

Le projet de loi sur les sociétés à responsabilité limitée, qui est émané du ministre du commerce, M. Rouher, et qui a été présenté au corps législatif à la fin de la session de 1862, mais non discuté encore, devra, entre autres effets salutaires, avoir celui de multiplier en France, les institutions de crédit dans le genre des nouvelles banques anglaises, à la condition pourtant que le public se décide, ainsi qu'il l'a fait en Angleterre, à ne plus garder chacun chez soi des fonds de caisse frappés de stérilité, et à se servir de ces institutions de crédit comme de caissiers, dépositaires de tout le numéraire qu'on possède à peu près, sauf à leur renvoyer ses créanciers et ses fournisseurs après avoir remis à ceux-ci des mandats au porteur appelés chèques.

Il existe à Bruxelles, sous le titre de l'Union du Crédit, une institution de crédit démocratique, par laquelle un grand nombre de petits commerçans et de petits fabricans jusqu'alors privés du bénéfice du crédit, ou ne l'obtenant qu'à des conditions rigoureuses, ont pu en jouir sous des clauses modérées. Ils se sont rendus solidaires en constituant un fonds de garantie auquel chacun a dû contribuer d'avance pour une part déterminée et proportionnelle au total du crédit qu'il désire obtenir. La société fait directement l'escompte du papier de ses adhérens ou des effets qu'ils ont endossés. Le papier de commerce, une fois accepté par l'institution, est accueilli par beaucoup de banquiers. Voilà quatorze ans que cette institution fonctionne d'une manière satisfaisante. Lorsqu'un projet se présente avec la sanction d'une expérience aussi prolongée, il mérite qu'on lui fasse bon accueil. Cependant la tentative qui avait été faite pour fonder à Paris une institution calquée sur l'Union du Crédit de Bruxelles n'a pas obtenu jusqu'ici les encouragemens de l'administration. La demande d'autorisation a été repoussée; il faut croire que ce refus n'est pas définitif.

Je regrette d'avoir à dire qu'à cet égard la France laisse aujourd'hui encore infiniment à désirer. Le programme d'enseignement de nos écoles primaires est excessivement restreint, et encore, tel qu'il est, il s'en faut bien que la presque totalité de la population y soit initiée. Une multitude d'enfans ne mettent pas le pied à l'école, et beaucoup de ceux qui s'y rendent n'en profitent guère, parce qu'ils ont peu d'assiduité et quelquefois parce que le personnel enseignant est médiocrement instruit ou peu zélé. Au surplus, si peu que donnent les instituteurs primaires, ils rendent à la société au-delà de ce qu'ils en reçoivent. Une pensée de parcimonie, qui n'était pas sans quelque mélange de dédain et d'hostilité pour l'instruction primaire, a fixé leur traitement si bas que dans ces conditions il est impossible d'attirer et de retenir un homme qui se sent quelque valeur. Le ministre de l'instruction publique a pu, par un prodige d'économie, sans que son budget eût été accru, augmenter dernièrement le traitement de ces fonctionnaires; mais à quel point l'a-t-on porté ? A 700 francs pour la plupart des cas, c'est-à-dire à une somme inférieure à ce que gagne dans les villes un ouvrier médiocre, à peine égale à ce qu'est devenu le salaire du terrassier dans un quart ou un tiers des départemens depuis que la construction des chemins de fer a provoqué une grande demande de bras. L'instituteur communal, dans les communes rurales, est moins bien partagé que le terrassier sous d'autres rapports. Il a moins que lui la jouissance d'un bien que les hommes prisent très haut de nos jours, l'indépendance; il est dans un assujettissement absolu.

L'enseignement primaire, convenablement élargi, n'est pas la seule branche de l'instruction publique qui intéresse directement l'industrie; l'enseignement des beaux-arts lui importe beaucoup aussi. La nécessité de répandre l'enseignement des beaux-arts parmi le3 populations ouvrières est certainement indiquée par l'intérêt général de la civilisation française car y a-t-il une véritable civilisation là où manque le sentiment du beau ? Mais en se restreignant, comme il convient ici, à ce qui est d'utilité industrielle, il est indispensable que les ouvriers d'une partie au moins des manufactures soient initiés aux arts de la forme, du dessin et de la couleur par un enseignement approprié. C'est obligatoire en France, parce qu'une bonne partie de nos succès industriels tient à la supériorité du goût français. Il y a quatre cents ans, qu'étions-nous nous-mêmes en fait de goût dans la plupart des beaux-arts ? Ce que Voltaire appelait des Welches, Les Italiens avaient la palme, La roue de la fortune a tourné, l'Italie ne compte plus dans les beaux-arts, la musique exceptée, si ce n'est par son passé, et le premier rang nous est échu, ou pour mieux dire nous l'avons conquis à la sueur de notre front. N'y a-t-il point dans ce revirement une leçon au sujet du sort qui nous serait réservé à nous-mêmes, si nous cessions de faire d'énergiques efforts ?

Qu'une pratique condamnable se révèle et qu'elle fasse scandale: les administrations publiques presque toujours en prennent occasion pour décréter un règlement destiné à en prévenir le retour. Ce règlement prescrit tel ou tel mode d'agir et interdit tel ou tel autre, sans qu'il soit jamais possible d'assurer que l'interdiction prononcée aujourd'hui ne doive pas être des demain un obstacle au progrès, ou, pour mieux dire, quoiqu'il y ait lieu de prévoir que prochainement elle sera cet obstacle. Le plus souvent ces règlemens introduisent l'immixtion de l'autorité, par voie d'autorisation, dans des actes qui devraient être laissés à la libre action des particuliers. La masse du public, il faut le reconnaître, ne trouve presque jamais que le règlement soit excessif. Elle le voudrait plus restrictif encore, et souvent c'est elle-même qui l'a provoqué. C'est ainsi que la liberté de l'industrie, proclamée dans sa plénitude des le début de la révolution française, a depuis lors reçu de nombreuses atteintes.

Les Anglais ménagent beaucoup plus la liberté et sont beaucoup moins prompts à la sacrifier. Quand un fait même criant se produit, alors même qu'il aurait été accompli avec les caractères du crime, le premier mouvement des Anglais est, comme celui des Français, la réprobation, l'indignation même; mais ce n'est pas en faisant une brèche à la liberté du travail qu'ils cherchent le remède: ils préfèrent l'attendre de la fermeté de la raison publique et de l'ascendant qu'exerce l'opinion. Ils supposent que dans l'industrie la surveillance du public, la vigilance du consommateur et le sentiment que doit avoir le producteur de son intérêt bien entendu mettront chacun et chaque chose à sa place et garantiront l'intérêt public de la lésion dont on a pu le croire menacé. Le maintien de la liberté des transactions

leur paraît être la principale sauvegarde de l'intérêt général. Ils ont rarement
dérogé à cette règle, et ils ont eu à s'en applaudir. Ce n'est pas à dire qu'à la
faveur de la liberté des abus ne puissent apparaître; mais, sans méconnaître
que les abus sont possibles, et même qu'ils peuvent être graves, ils estiment
que dans l'ensemble, et pour la plupart des cas, ils seront moins
préjudiciables à la société que ne le seraient des restrictions à la liberté.

Dans le nombre de nos règlemens, il en est qui sont à supprimer purement
et simplement; beaucoup d'autres auraient à être simplifiés et ramenés à un
petit nombre d'articles. Il y a trois ans seulement, n'avions-nous pas à Paris,
pour la boucherie, la réglementation la plus insoutenable, la taxe de la
viande ? Et quel effort n'a-t-il pas fallu pour renverser ce système ridicule ?
Or nos règlemens présentent une multitude de dispositions conçues dans le
même esprit.

Notre industrie métallurgique est à plusieurs égards réglementée outre
mesure. Il faut la permission du gouvernement pour construire un haut-
fourneau, un simple foyer d'affinage. À quoi bon ? et qui peut y gagner, si
ce n'est l'industrie du dessinateur, qui est chargée en conséquence de fournir
des plans en double ou triple expédition pour être joints au dossier ? Notre
industrie minérale, je veux dire l'exploitation des mines, est sous le joug de
règlemens que la loi des mines du 21 avril 1810, où toute la matière est
embrassée, n'a point autorisés, et que même, raisonnablement interprétée,
elle interdirait. L'industrie des appareils à vapeur subit, pour ce qui concerne
les chaudières, des règlemens qui, dans la pensée des auteurs, avaient
certainement pour objet d'empêcher l'usage d'appareils hors d'état de
résister à la pression intérieure, afin de protéger la vie des hommes dans les
ateliers; mais ces règlemens sont tellement combinés, ils prescrivent des
épreuves telles qu'une chaudière, après qu'elle y a passé, est plus faible
qu'auparavant. Ces mêmes règlemens portent, relativement à l'épaisseur des
feuilles de métal employées aux chaudières, des prescriptions absolues qui
tendent à rendre tout progrès impossible: elles s'opposent en effet à ce que
les chaudières soient faites de la tôle de la meilleure qualité, ou d'acier en
place de fer. Il ne serait pas difficile de multiplier de semblables exemples.

On peut considérer comme une émanation du système ultra-réglementaire
la législation sur les brevets d'invention. Née d'un bon sentiment, car elle
était destinée à protéger ce qu'on supposait être le droit de l'intelligence,
cette législation est aujourd'hui dommageable pour l'industrie, et, dans la
plupart des cas peu nombreux où les brevets ont donné un revenu
important, les profits ont été pour les frelons de la ruche, et non pas pour
les industrieuses abeilles: des intermédiaires substitués aux véritables
inventeurs ont tout absorbé.

Émettons le voeu que le principe d'association obtienne plus de latitude, que les individus soient plus libres de s'associer pour la production de la richesse, que l'association industrielle soit encouragée et obtienne le plus grand espace possible pour déployer ses ailes. Je ne m'arrêterai pas ici à faire l'éloge du principe d'association, ce serait tomber dans la banalité. L'histoire du genre humain tout entière en proclame la fécondité. Notre code de commerce, quand il fut promulgué, était en progrès sur la législation manufacturière et commerciale de tous les peuples. Un demi-siècle s'est écoulé depuis; pendant ce temps les autres ont marché, c'est tout au plus si nous avons été stationnaires. Il y a vingt ans qu'un esprit éminent, Rossi, en faisait la remarque, notre code de commerce est en arrière sur le sujet de l'association. Le moment est arrivé de combler cette lacune., Le projet de loi sur les sociétés à responsabilité limitée, que j'ai déjà mentionné, vient à propos pour la solution de ce problème. Je ne dis pas qu'il la contienne tout entière, mais il apporte du moins à l'oeuvre un contingent de grand prix, et rien ne s'oppose à ce qu'on l'améliore. C'est pourquoi il est bien désirable qu'il reçoive sans retard la sanction législative.

Depuis la dernière exposition, un événement a éclaté qui doit exercer sur la production générale de la richesse dans le monde, et sur l'industrie de chaque peuple en particulier, une influence considérable. Il y a vingt-cinq ans, le principe de la liberté du commerce était encore relégué dans les livres, quoiqu'il eût compté parmi ses adhérens des hommes d'état justement renommés, Turgot en France, Pitt en Angleterre et le comte Mollien, ministre du trésor sous le premier empire. Il semblait jusqu'en 1837 que ce fût une sorte de thème destiné à exercer l'esprit des théoriciens, en leur fournissant l'occasion de dissertations subtiles. Tel était l'état des choses lorsque cette grande cause fut prise en main de l'autre côté du détroit par une pléiade d'hommes alors obscurs, qui résolurent de faire enfin passer le principe dans l'administration des états. Ils se constituèrent à Manchester sous le nom de ligue pour la réforme des lois sur les céréales, prenant ainsi occasion du plus manifeste des abus auxquels avait donné lieu en Angleterre l'application du principe opposé, qu'on appelait de la protection. Protection de qui ? Apparemment ce n'était pas de l'intérêt public, qui était atteint visiblement par toutes ces restrictions au commerce et à la production; mais c'était le mot consacré, et devant ce mot, que soutenaient avec une ardeur agressive un certain nombre d'intérêts, les gouvernemens s'inclinaient. La campagne qu'avaient entreprise ces hommes généreux dura plusieurs années. Elle fut conduite avec le plus noble dévouement, l'activité la plus infatigable et un talent qui, chez eux, était à la hauteur de leur patriotisme. Ils répandirent ainsi leur conviction dans le pays, et au mois de février 1846 un grand ministre, qui a tiré de là le plus beau fleuron de sa renommée, sir Robert Peel, vint au parlement se déclarer converti au principe qu'avaient si bien fait valoir M. Cobden, M. Bright et leurs amis, et il l'arbora courageusement en face de son propre parti. La majorité du parlement lui donna raison, et depuis ce temps le principe de la liberté commerciale a été une des maximes fondamentales du gouvernement dans la Grande-Bretagne.

Maintenant que se sont dissipées les appréhensions dont étaient dominés nos chefs d'industrie avant le traité de commerce, maintenant qu'ils ont mesuré leurs forces avec celles de l'étranger, et qu'ils se sentent en position de lutter, on peut se demander combien de temps on restera à faire un pas plus décisif que le traité même.

L'agriculture se trouve comprise sous la dénomination générale de l'industrie, et la plupart des observations qui précèdent lui sont applicables. Elle mérite pourtant une mention à part. De tous les arts utiles, c'est le plus intéressant par la grandeur de sa production et par le nombre des bras qui s'y consacrent. L'agriculture n'est pas restée étrangère au mouvement qui a développé de toutes parts la puissance productive de l'homme-dans l'exploitation des ressources de la planète, Il faut en faire l'aveu pourtant, c'est l'industrie dont le progrès a été le plus lent. On a fait beaucoup de découvertes applicables à l'agriculture, et la mise en oeuvre en a été poursuivie par des hommes persévérons. Cependant, sur le continent européen et chez nous au moins autant qu'ailleurs, le perfectionnement de l'agriculture a eu le caractère d'efforts éparpillés plutôt que celui d'une marche majestueuse et en masse. Il y a eu beaucoup de progrès locaux; il n'y a pas eu un progrès général. En France, on pourrait citer beaucoup.de départemens où l'on cultive la majeure partie du sol à peu près comme du temps de Columelle et de Caton. On y a conservé le même araire, et les Géorgiques y sont encore l'idéal du genre.

À côté de ces dévastations consommées par des barbares, il est consolant de citer les efforts habiles et heureux qu'ont faits les peuples civilisés pour réparer ou prévenir de grands dommages. Un des meilleurs exemples est celui de la culture du quinquina dans l'île de Java par les soins du gouvernement néerlandais, - dans l'Inde anglaise sous l'autorité du gouvernement local. De cette manière, on serait assuré d'avoir toujours un approvisionnement de cette précieuse écorce, malgré l'incurie destructive avec laquelle on l'exploite dans les hautes vallées des Andes.

La situation générale de l'agriculture dans le monde est donc fort en arrière de celle des manufactures, de l'art de la navigation et de celle des transports. Il en résulte quelquefois un péril pour l'alimentation du genre humain. Lorsque les intempéries des saisons faisaient manquer la récolte des céréales dans quelques-unes de nos contrées d'Europe, c'est-à-dire sur un lambeau de la surface cultivable de la planète, combien de fois n'a-t-on pas vu la disette prendre les proportions de la famine, et la civilisation même paraître

27

menacée dans ses foyers les plus renommés, parce que les moyens de s'alimenter manquaient aux populations ! C'est aussi un fait avéré que la production des grandes matières premières que l'agriculture fournit aux manufactures, la laine, le coton, l'indigo, n'est plus en rapport avec la consistance des manufacturiers.

De même du drainage. En France, sans doute il n'y a pas lieu d'attendre du drainage les mêmes effets qu'en Angleterre, où il a amélioré la culture sur une vaste superficie, parce que dans les îles britanniques l'humidité des terres est un défaut presque général. Il ne laissera pas cependant de rendre des services. Le gouvernement l'a compris, et, imitant résolument ce qu'avait fait le gouvernement anglais, il a pris l'engagement d'avancer à l'agriculture une très forte somme pour cette destination, 100 millions. Malheureusement on n'a pas imité de l'Angleterre les règlemens simples et d'un esprit pratique à la faveur desquels les propriétaires et les fermiers anglais ont pu aussitôt utiliser la libéralité intelligente de l'état. Le génie paperassier, qui tant de fois en France a paralysé les bonnes intentions de l'autorité supérieure, s'est interposé ici, et la dotation de 100 millions, promise à l'agriculture pour le drainage, reste suspendue au-dessus de sa tète comme un appât que la main ne peut atteindre.

Les règles les meilleures au sujet des assolemens, ainsi que pour la préparation, la conservation et le bon emploi des fumiers, engrai9 et amendemens, ont été exposées dans des manuels pratiques et enseignées dans de bonnes écoles comme était Roville naguère, comme est Grignon aujourd'hui, et dans diverses fermes-modèles. Cependant, comme si l'on s'était proposé de contredire par la pratique administrative ce qu'on fait recommander dans les livres et les cours, on laisse subsister une surtaxe de pavillon sur la substance qui possède la plus grande vertu pour enrichir la terre, le guano.

Même à la veille de la révolution de 1789, le paysan français était beaucoup plus malheureux que l'habitant des villes. Il ressentait plus durement les inconvéniens et les vices du régime-politique qui subsistait alors, et qu'on pourrait définir l'inégalité sous un gouvernement arbitraire. Dans son dernier ouvrage, l'Ancien Régime et la Révolution, M. de Tocqueville a signalé ce fait, que la bourgeoisie échappait assez facilement à ce que les rigueurs de ce régime avaient de plus offensif, et spécialement à la dureté des lois pénales, tandis que les excès de pouvoir et les brutalités de la législation retombaient de tout leur poids sur le pauvre paysan. La gabelle faisait à elle seule aller aux galères des milliers de personnes, et les victimes étaient surtout des paysans.

En somme, à l'heure actuelle, le paysan français est très pauvre, je ne dis pas dans tous les départemens, mais dans la grande majorité. Sa condition matérielle est bien au-dessous de celle du paysan des îles britanniques. La maison qu'il habite, au lieu de ressembler à ces cottages d'un aspect agréable dont se composent la plupart des villages anglais, peut, presque aussi bien que du temps de La Bruyère, être appelée une tanière. On n'y rencontre rien de ce qui fait le bien-être et la commodité de la vie; ce sont des constructions où manque ce qui est le plus indispensable même à l'hygiène: un rez-de-chaussée humide sans plancher, pavé à peine, où l'on est pêle-mêle avec les animaux domestiques; à la porte, un tas de fumier qui empeste l'atmosphère; aucune disposition intelligente pour se garantir du froid pendant l'hiver, quoique à cet égard les modèles soient tout trouvés, puisqu'il n'y aurait qu'à copier l'Allemagne et l'Europe orientale; - une nourriture grossière où la viande n'apparaît que comme un rare phénomène, même dans les provinces les plus renommées pour la production du bétail, fort rarement l'usage du vin malgré l'abondance et le bon marché de cette denrée en France, le plus souvent de l'eau claire, et, dans les départemens qui se croient privilégiés, un cidre dépourvu de toute vertu. Je pourrais citer telle localité située à 50 kilomètres des marchés où le vin est au plus vil prix, et dans laquelle, cependant le travailleur des champs, nourri par le propriétaire ou par le fermier, n'a jamais une ration de vin à son repas, excepté peut-être chez quelques propriétaires qui, moins avares ou calculant mieux que les autres, distribuent du vin aux travailleurs à l'époque de la moisson seulement.

À un autre point de vue, la condition de l'agriculture française laisse beaucoup à désirer, et appelle la sollicitude active du gouvernement et du législateur. Qu'on se rende compte de la situation de la propriété dans les campagnes, particulièrement de celle qui est entre les mains des paysans; qu'on en trace ce que, dans le style des finances de l'ancien régime, on appelait l'état au vrai. Voici ce qu'on observe. - La législation civile sur les successions favorise le morcellement du sol et par conséquent la constitution de petites propriétés. Je suis loin de trouver à reprendre à cette tendance, mais je remarque à côté, dans le code de procédure, les articles relatifs à la licitation entre mineurs, desquels il résulte que le petit patrimoine est sujet à être dévoré entièrement après deux ou trois transmissions par héritage, et fortement grevé après une seule. Voilà donc juxtaposées des dispositions légales dont la première provoque la formation d'une vaste démocratie reposant sur la population des champs, tandis que la seconde travaille à la détruire.

Enfin on rendrait à l'agriculture un grand service, sans manquer au respect dû aux engagemens et aux promesses de l'état envers le Crédit foncier, si l'on rendait général, c'est-à-dire si l'on étendait à tous les capitalistes, individus ou associations, le bénéfice des dispositions spéciales, et relativement simples, en vertu desquelles le Crédit foncier peut avoir aisément raison soit des hypothèques dites légales, soit du mauvais vouloir de ses débiteurs, et contraindre ces derniers à payer les annuités à l'échéance. Il conviendrait aussi que la durée des prêts hypothécaires pût être étendue, sans renouvellement et par conséquent sans taxe additionnelle, à cinquante ans, ce qui rendrait facile de comprendre le principal avec les intérêts dans les annuités.

Un programme qui date de l'an passé a pris sur les fonds généraux du budget la somme de 25 millions pour être consacrée, dans un laps de huit ou dix années, à l'achèvement d'une certaine catégorie des chemins vicinaux. La mesure est sage, opportune, politique; l'agriculture s'en ressentira. On peut regretter cependant que la somme ne soit pas plus forte. Cent millions n'auraient pas été de trop pour les chemins vicinaux, qui importent tant à l'agriculture.

Dans l'intérêt de la puissance productive de l'agriculture, qui se confond avec le bien-être de nos agriculteurs, il y aurait donc lieu d'examiner de près la législation de l'enregistrement en ce qui concerne le droit sur la transmission des immeubles à titre onéreux. Cette législation n'est pas d'une origine tellement respectable qu'on puisse la regarder comme une arche sainte. Elle date de l'an VII, époque de désordre et de ruine, où, les sources de la richesse privée et publique étant taries, un gouvernement aux abois se vit forcé d'exagérer ceux des impôts qui rendaient encore quelque chose. Les acquéreurs de biens nationaux, sur lesquels retombait alors principalement cet impôt, parce qu'ils vendaient plus que les autres, avaient fait d'assez grands profits pour que, dans la détresse où se trouvait le trésor, on ne craignît pas de les surcharger. Aujourd'hui ces excuses de la législation sur la matière n'existent plus.

Il n'est pas interdit de supposer que si le droit de mutation dans le cas de transmission à titre onéreux était réduit au taux où il est en Angleterre, et si d'ailleurs les frais d'acte avec les charges accessoires étaient limités, par l'autorité impérative de la loi, à une somme égale au montant même du droit, les transactions authentiques, bien plus libres désormais, se multiplieraient tellement qu'en peu d'années le produit du droit remonterait à son ancien niveau, ou que du moins la perte du trésor resterait fort limitée. Les notaires eux-mêmes trouveraient dans l'accroissement du nombre des actes la compensation à la diminution de leurs honoraires.

Je ne dissimulerai pas cependant que le produit rendu par la taxe sur les transmissions d'immeubles à titre onéreux est une très forte somme; il est monté à 124 millions en 1860. Un ministre des financés avisé ne peut qu'hésiter à compromettre une branche aussi importante du revenu public; mais, en admettant qu'il y eût ici quelque témérité, n'est-il pas vrai que la hardiesse sied à un grand gouvernement qui se propose un objet aussi sage, aussi conforme aux règles de la bonne administration des états, et en aussi parfaite harmonie avec le génie politique des temps modernes que le sont les progrès de l'agriculture et l'amélioration du sort des populations rurales ? Les hardiesses conformes aux principes de la civilisation sont presque toujours couronnées de succès.

Si l'on objectait que la situation financière est aujourd'hui tendue à ce point qu'il soit impossible de se livrer sur l'heure à une pareille expérience, on pourrait répondre que les finances publiques devront éprouver, avant qu'il soit longtemps, un grand soulagement, parce que de toutes parts en Europe on reconnaît que les dépenses militaires ont été exagérées depuis quelques années, et qu'il convient de les réduire. Quand le moment de cette réduction sera arrivé, le système des impôts pourrait être remanié de manière à comporter la réforme suggérée ici. Il y a même dans le revenu public de la France un mouvement ascendant tellement prononcé, par le seul fait du libre développement des transactions et des consommations, que si l'on prenait et tenait la ferme résolution de s'abstenir pendant trois ans de grossir le bloc des dépenses de l'état, il n'en faudrait pas davantage pour compenser la diminution de revenu qu'aurait occasionnée la réforme, en évaluant cette diminution fort au-delà de ce qu'elle peut être.

Quoique je sente bien tout ce qu'a d'imparfait l'appréciation qui précède de l'exposition de 1862, je dois clore ici mes observations, heureux si elles ont donné à quelques lecteurs le désir de se rendre compte, par un examen plus approfondi, de tout ce que l'industrie moderne recèle dans ses flancs d'élémens de bien-être pour la société et de puissance pour les états. Les études de ce genre ont pour effet de faire pénétrer profondément dans les esprits une opinion qui n'est pas suffisamment encore passée à l'état de conviction, à savoir que les conditions qui rendent l'industrie grande et prospère sont les mêmes qui font les grands états et les pays libres, que les législations considérées comme les plus avancées et les plus conformes à l'humanité sont les mêmes que réclame l'industrie pour être de plus en plus féconde, et à plus forte raison que les bonnes finances n'ont qu'un seul fondement possible, celui d'une industrie respectée et libéralement traitée.

MICHEL CHEVALIER.

www.ingramcontent.com/pod-product-compliance
Lightning Source LLC
Chambersburg PA
CBHW070754180526
45168CB00004B/1609